THÈSE

POUR

LA LICENCE

ACTE PUBLIC

POUR

LA LICENCE

SOUTENU

Par M. BOUDET Casimir-Antoine,

Né à Mailhoc (Tarn).

ALBI,

TYPOGRAPHIE DE S. RODIÈRE.

—

1858.

A mes Parents.

A tous ceux qui m'aiment.

Jus Romanum.

De usucapionibus et longi temporis possessionibus.

Dig. Lib. 41. T. 3 — Cod. Lib. 7. T. 33. — Inst J. Lib. 2. T. 6.

§ Ier *De usucapionibus.*

Usucapio, definitore Ulpiano, est : adeptio dominii per continuationem possessionis temporis lege definiti.

. Possessionem intelligimus civilem, id est detentionem cum animo rem sibi habendi, et quam aliquis habet proprio nomine : non vero naturalem quæ est nuda rei detentio alieno nomine facta. Talem habent fructuarii, depositarii : hæc non est vera possessio ; tdeoque nunquam usucapiunt.

Bono publico inducta fuit usucapio, ne rerum dominia in incerto essent et ut aliquis litium finis esset.

Duplex autem erat usucapionis utilitas : 1e Cum res mancipi extra solemnes modos tradita esset, tantum *in bonis* eam habebat accipiens, dum in tradentis *dominio* permaneret. Ergo pleno jure accipientis erat si eam per unum annum vel biennium possidendo usucaperet; 2° Cum rem mancipi aut non mancipi aliquis accepisset à non domlno, sed cum bona fide et ex justa causa, eam usucapiebat possessione lege definita.

Ad usucapionem complendam quinque debent conditiones concurrere, videlicet : ut sit bona fides; ut tempus possessionis legitimum sit ; ut res de cujus usucapione agitur vitium non habeat; ut titulus possidendi sit justus et perpetuus; ut possessio continua fuerit et minime interrupta.

Bona fides, id est justa possessionis opinio. Sine bona fide usucapio non procedit; sed sufficit bona fides ab initio usucapionis. Impune superveniet mala fides quæ acquirendis fructibus tantum obstat, non autem usucapioni.

Tempus legitimum dixi : si mobilis res anno, si immobilis biennio usucapimus.

Ne res vitiosa sit. Ordinarie usucapiuntur res omnes in quibus et possessio et dominium cadere possunt. Attamen multæ sunt res quæ usucapi nequeunt, sive quia sic desiderat *natura* earum, sive quia *ex lege* descendit prohibitio.

Natura igitur sua vetantur ab usucapione res sacræ, religiosæ, sanctæ, populi romani vel civitatum, homo liber.

Quoad res incorporales, silicet hæreditates, servitutes et ususfructus, non usucapionem admittunt, quia nec traditionem usucapio possessione acquiritur, nec vere istæ possidentur.

Ex lege : 1° prædium dotale nisi tamen cœperit usucapio antequam fundus in datem venerit; 2ᵉ bona adventitia filii familias quorum ususfructus ad patrem pertinet.

Perpetuus sive justus titulus esse debet, veluti cum pro donato, pro emptore accipimus, nam ex causis temporalibus possessionis usucapio non oritur : igitur non usucapiemus si ex locato conducto aut pro pignore detineamus.

Sit autem opportet titulus verus, non falsus ; ita ut si quis putet se emisse cum non emerit, vel sibi donatum cum non ita sit, usucapio non procedit.

Continuata denique et minime interrupta debet esse possessio per tempus lege definitum. Non tamen credendum est per mortem possessoris aut per rei possessæ venditionem usucapionem interrumpi. Continuatur vero possessio non tantum in una eademque persona, sed et in ejus successore sive universali sive singulari, quando possessio ad eum legitime est translata.

Ast si mala fide fuerit defunctus aut venditor, possessio illa ad usucapionem successori non proficit; nam hic personam et vitia defuncti aut venditoris representat.

Attamen universalis successor a singulari multum differt : etenim si mala fide fuerit defunctus nunquam universalis usucapere poterit; contra si mala fide venditor ; nam singularis novam possessionem incipere poterit.

Antiquitus soli romani cives ex lege XII tabularum usucapere poterant. Postea latinis jus illud concessum est et aliis peregrinis cum quibus jus commercii constitutum fuit, id est jus emendi et vendendi modis civilibus. Tandem sublato quocumque discrimine inter imperii populos, omnes jus civitatis consecuti sunt et usucapione uti potuerunt.

§ II. *De præscriptione.*

Ad res mobiles ubique pertinebat usucapio, ad immobiles tantum in italico solo. Prætores ut illos qui in provinciis hæreditates possidebant defenderent, præscriptionem constituerunt.

Præscriptio exceptio est qua possessor verum dominum tardius vindicantem excludit, propter longi temporis possessionem.

Dixi *exceptio*, nam possessio possessorem non facit dominum rei alienæ. Illi solummodo veri domini vendicationem excludendi et rem alienam retinendi facultatem dat, possessione invocata.

Ille solus præscriptionem invocare potest qui per decem annos inter præsentes et viginti inter absentes bona fide possesserit, vel triginta si mala fide.

Præsentes autem existimantur dominus et possessor, si in eadem provincia sint, absentes si in diversis provinciis.

Quod si partim præsens partim absens alteruter fuerit, sic anni computantur ut tot decennio addendi sint quot anni fuerint absentiæ.

Quo vero momento tempus possessionis perfectum censeatur? Ab Ulpiano noscimus tempus non de momento ad momentum seu de hora ad horam computari, sed totam postremam diem exigi.

§ III. De usucapione et de præscriptione.

A præscriptione multum differt usucapio. Etenim non solum bona fides ad usucapiendum necessaria est, sed etiam justus titulus : ad præscribendum tantum bona fides.

Fur nunquam usucapere, contra præscriptionem opponere potest.

Per unum annum mobiles, biennium immobiles ad usucapiendum possidere necesse est; per decem, aut viginti, aut triginta ad præscribendum.

Usucapione unius domini jus extinguebatur : integra remanebant servitutes, hypothecæ, vel alia jura in re usucapta imposita. Secus præscriptione res omni onere libera apud præscribentem fiebat.

Litis contestatione longi temporis præscriptio sed non usucapio interrumpitur.

§ IV. De novo jure ab imperatore Justiniano introducto.

Justiniani tempore sublata jam differentia inter dominium ex jure quiritum et dominium in bonis, inter res mancipi et nec mancipi, placuit imperatori usucapionem transformare quæ toti romani orbi mposita est, et ne maturius rebus suis defraudarentur domini, jussit idem esse temporis spatium usucapionis quod ad pærscriptionem longi temporis pertinebat.

Ex hac nova præscriptione res mobiles triennio, immobiles decennio inter præsentes, vicennio inter absentes usucapiuntur.

POSITIONES.

Dies a quo computatur in termino.
Res pupilli usucapi possunt.
An opinio justi tituli æquipolleat titulo ? Distinguendum.

Code Napoléon.

CHAPITRE Ier.

Des hypothèques légales en général.

L'hypothèque est « un droit réel sur les immeubles affectés à l'acquittoment d'une dette. Art. 2114, C. N. »

A un point de vue général, on peut dire que toute hypothèque procède de la loi. L'art. 2115, C. N. nous dit en effet que « l'hypothèque n'a lieu que dans les cas et suivant les formes autorisées par la loi. » Mais si on recherche sa cause immédiate, on trouve qu'elle est légale, judiciaire ou conventionnelle : c'est ce que, dispose l'art. 2116, C. N.

« L'hypothèque légale est celle qui résulte de la loi. Art. 2117,

C. N .» Il faut entendre par ces mots qu'elle a la loi pour principe, qu'elle existe de plein droit, indépendamment de toute manifestation de la part soit de celui auquel elle est accordée, soit de celui dont elle grève les biens.

« Les droits et créances auxquels elle est attribuée, sont : — Ceux des femmes mariées, sur les biens de leur mari : — Ceux des mineurs et interdits, sur les biens de leur tuteur : — Ceux de l'État, des communes et des établissements publics, sur les biens des receveurs et administrateurs comptables. Art. 2121, C. N. »

On a coutume d'ajouter à cette énumération de notre article deux créances dont il ne parle pas. Ce sont : 1° Celle des légataires sur les immeubles de la succession. Art. 1017, C. N. — 2° Celle des créanciers privilégiés dont le privilége dégénère en hypothèque. Art. 2113, C. N. Mais l'hypothèque garantissant ces créances diffère essentiellement de celle garantissant les créances énumérées dans l'art. 2121. Cette dernière, en effet, s'étend sur tous les immeubles que possède le débiteur et sur ceux qui pourront lui appartenir dans la suite, sauf quelques exceptions. Art. 2122, C. N. ; elle est, au moins celle des femmes mariées, des mineurs et interdits, dispensée de toute inscription. Art. 2135. C. N. La première, au contraire, n'affecte que quelques immeubles spécialement déterminés et n'existe que tout autant qu'elle a été inscrite.

Cette hypothèque tacite a été l'objet des plus vives critiques : elle gène, a-t-on dit, la circulation des biens, ruine complètement le crédit public. Elle se justifie cependant par la nature même des choses. La loi doit, en effet, protéger ceux qu'elle place ou qui se trouvent dans l'impuissance d'agir. Si elle enlève à la femme l'administration de ses biens, si elle donne aux mineurs et aux interdits des administrateurs pour gérer leurs biens, elle doit les protéger contre les actes de ces derniers. Et l'hypothèque qu'elle leur accorde eut été une garantie complètement illusoire, si elle avait été soumise à la formalité de l'inscription. Les mineurs et interdits incapables de faire des actes conservatoires n'auraient jamais pris cette inscription ; la femme placée sous l'influence de son mari, n'aurait presque jamais fait un acte dont celui-ci aurait eu à souffrir. La loi devait donc faire pour eux ce qu'ils ne savent ou ne peuvent fairer

Modification apportée à cette hypothèque par la loi du 23 mars 1855.

Sous l'empire du code, les mineurs, les interdits, les femmes mariées étaient dispensés de la formalité de l'inscription, même après la cessation de la tutelle ou la dissolution du mariage. L'exception introduite en leur faveur ne cessait donc pas avec leur incapacité, bien qu'elle eût cette incapacité pour fondement.

La loi du 23 mars 1855 sur la transcription a fait disparaître cette anomalie. « Si la veuve, le mineur devenu majeur, l'interdit relevé de l'interdiction, leurs héritiers ou ayants cause, porte l'art. 8 de cette loi, n'ont pas pris inscription *dans l'année* qui suit la dissolution du mariage ou la cessation de la tutelle, leur hypothèque ne date, à l'égard des tiers, que du jour des inscriptions prises ultérieurement.

CHAPITRE II.

DE L'HYPOTHÈQUE LÉGALE DE LA FEMME MARIÉE.

§ Ier *Principe de cette hypothèque.*

L'hypothèque légale accordée à la femme mariée tire son origine du droit romain. Elle y fut d'abord fort restreinte. La femme n'eut, en effet, à l'origine qu'un privilége ; mais dans la suite Justinien, par la loi *Assiduis*, lui accorda une hypothèque tacite qui lui assura le recouvrement de sa dot par préférence aux créanciers hypothécaires de son mari, même antérieurs au mariage.

Cette hypothèque, dans les principes du Code Napoléon, est attachée au fait même du mariage. Il en résulte que, sous quelque régime qu'elle soit mariée, la femme y a toujours droit, et que l'on ne doit tenir aucun compte des circonstances dans lesquelles le mariage s'est accompli. Ainsi nous admettons que la femme mariée à l'étranger a une hypothèque légale sur les biens de son mari situés en France, sans distinguer si son mari est français ou étranger. Vainement objecte-t-on que l'hypothèque et surtout l'hypothèque légale est du droit civil auquel les étrangers ne peuvent participer; il faudrait pour être conséquent à cette idée refuser aux étrangers le droit de jouir des hypothèques conventionnelles et judiciaires, droit que personne ne leur a jamais contesté. La prétention de la femme se défend d'ailleurs en droit par un motif puissant : c'est, en effet, un principe de notre droit public que « les immeubles situés en France, même ceux possédés par des étrangers, sont régis par la loi française. Art. 3, C. N. » Ils sont donc soumis à toutes les charges que la loi fait peser sur eux.

Nous admettons également que la femme mariée dans les dix jours qui précèdent la faillite du mari a droit à l'hypothèque légale. C'est ce qui résulte de l'art. 446, C. Co. qui en ne déclarant nulles que les hypothèques conventionnelles et judiciaires, reconnaît par là-même l'hypothèque légale attribuée à la femme.

L'hypothèque légale attribuée à la femme produit-elle ses effets du jour du contrat ou du jour du mariage? Nous admettons qu'elle date seulement du jour du mariage. Cela résulte des termes de l'art. 2135, C. N. Quelques auteurs cependant, argumentant des art. 2194, 2195, C. N. soutiennent, mais à tort, que les effets de l'hypothèque légale accordée à la femme remontent au jour du contrat. Les art. 2194 et 2195 n'indiquent, en effet, que les précautions que doivent prendre les tiers-détenteurs des biens du mari. L'art. 2135 au contraire a pour but de fixer le point de départ de l'hypothèque.

§ II. *Des droits qu'elle garantit.*

L'hypothèque légale accordée à la femme s'applique à toutes les

créances que la femme peut, en sa qualité d'épouse, avoir sur son
mari. C'est ce qui résulte des termes de l'art. 2121, C. N. « *Les
droits et créances* auxquels l'hypothèque légale est attribuée, y est il
dit, sont ceux des femmes mariées, sur les biens de leur mari.....»
Nous trouvons, il est vrai, une énumération dans l'art. 2135, C. N.
mais c'est article n'est point limitatif : il n'a pour but que de déterminer le *rang* hypothécaire des diverses créances que la femme
peut avoir à répéter contre son mari, et ne s'applique pas à l'*existence* même de ces créances.

Nous allons successivement examiner les diverses créances men-
tionnnées dans l'art. 2135, C. N.

Cet article accorde d'abord une hypothèque aux femmes, pour raison
de leur *dot* et *conventions matrimoniales*, sur les immeubles de leur
mari et à compter du jour du mariage.

Le mot *dot* dans son sens général, comprend tous les biens que
le mari a reçus de sa femme pour l'aider à supporter les charges
du mariage. Mais ici il ne désigne que ce que le mari a reçu le
jour du mariage. Cela résulte de l'art. 2135, qui assigne un rang
particulier *aux sommes dotales* acquises pendant le mariage.

La dot est garantie par l'hypothèque légale, sous quelque régime
que la femme soit mariée. Cette hypothèque date du jour du mariage lors même que la dot n'aurait été payée au mari que postérieurement.

Il faut placer au même rang que la dot les intérêts qui en sont
l'accessoire. Nous n'appliquerons pas ici l'art. 2151, C. N., aux termes duquel « le créancier inscrit pour un capital produisant intérêt
ou arrérage, a droit d'être colloqué pour deux années seulement et
pour l'année courante, au même rang d'hypothèque que pour son
capital.....» et nous accorderons à la femme tous les intérêts échus
depuis la dissolution du mariage.

Pour que les *conventions matrimoniales* soient garanties par une
hypothèque légale, il faut qu'elles confèrent à la femme un avantage
certain quant à son existence quoique *éventuel* quant à l'exécution.

Si la libéralité faite à la femme n'est qu'une institution contractuelle, dans les termes de l'art. 1082, C. N., le constituant pouvant alors disposer à titre onéreux, peut hypothéquer ses immeubles, et dès-lors l'hypothèque légale de la femme n'existe pas, puisqu'elle ne peut pas être opposée aux tiers créanciers hypothécaires du mari.

Aux termes du même art. 2135, la femme n'a hypothèque pour les sommes dotales qui proviennent de successions à elle échues ou de donations à elle faites pendant le mariage, qu'à compter de l'ouverture des successions, ou du jour que les donations ont eu leur effet. Si dans ce cas l'hypothèque ne remonte pas au jour du mariage, c'est parce que la femme n'est pas créancière en vertu de son contrat de mariage.

Ces mots *sommes dotales* employés par notre article doivent être entendus dans le sens de *propres*. A cet égard l'art. 2135 s'applique à la femme mariée sous le régime de la communauté, de même qu'à la femme mariée sous le régime dotal.

Enfin, l'art. 2135 n'accorde hypothèque à la femme, pour l'indemnité des dettes qu'elle a contractées avec son mari, et pour le remploi de ses propres aliénés, qu'à compter du jour de l'obligation ou de la vente.

Il n'y a pas lieu de distinguer si la femme s'est obligée par acte authentique ou par acte sous seing privé, pourvu que dans ce dernier cas l'obligation ait date certaine. C'est là une condition essentielle, puisque la date de l'obligation est aussi celle de l'hypothèque.

La loi a seulement fixé le rang de l'hypothèque relativement à ces cinq créances, mais il est possible que la femme soit créancière à un autre titre. Ainsi nous lui accorderons une hypothèque pour l'indemnité à laquelle peut donner lieu le préjudice que le mari, par son fait ou sa négligence, aurait pu lui causer, pour les sommes paraphernales que le mari aurait pu toucher. Ce dernier point a été l'objet d'une controverse. Quelques auteurs ont soutenu que la femme n'avait hypothèque sur les biens de son mari, quant à ses paraphernaux, que lorsqu'elle avait pris inscription. Cette opinion est inadmissible. Il n'y a pas sans doute de texte dans le code, mais les art. 2140, 2144, 2194, 2195, C. N. nous parlent des *reprises* et ce mot s'entend de tous les biens que la femme a remis à son mari. L'art. 2121 accorde en outre à la femme une hypothèque à raisson de ses *droits et créances*. Tout se réduirait donc à savoir si les répétitions que la femme peut avoir à exercer à raison de ses paraphernaux, constituent ou non des *créances*. Or, cela ne peut être mis en question; car il est évident que les créances paraphernales, lorsque le mari en a employé le montant à son profit, constituent un des genres de reprises que la femme a à exercer.

Le principe que l'hypothèque légale garantit tous les droits et créances que la femme peut avoir à répéter contre son mari, souffre une exception Aux termes de l'art. 563, C. Co., la femme du failli n'a, en effet, hypothèque que : « 1° pour les deniers et effets mobiliers qu'elle aura apportés en dot ou qui lui seront advenus depuis le mariage par succession ou donation entre vifs ou testamentaire, et dont elle prouvera la délivrance ou le paiement par acte ayant date certaine; 2° pour le remploi de ses biens aliénés pendant le mariage; 3° pour l'indemnité des dettes par elle contractées avec son mari. » Il faut toutefois observer qu'aux termes du même article, l'hypothèque légale de la femme ne subit les restrictions ci-dessus mentionnées, que lorsque le mari tombé en faillite était commerçant lors du mariage ou l'est devenu dans l'année qui a suivi la célébration. Si le mari était étranger au commerce quand il s'est marié, ou n'est devenu commerçant que plus d'une année après le mariage, le droit hypothécaire de la femme reste entier.

L'art. 563 est la reproduction à peu près littérale de l'énumération faite dans l'art. 2135, sauf une omission : il ne mentionne pas les *conventions matrimoniales*. Nous devons en conclure que les avantages faits par le mari à la femme, tels que gains de survie, donations, etc., sont dans ce cas comme non avenus et conséquemment destitués de toute hypothèque.

§ III. *Des biens qu'elle grève.*

L'hypothèque légale de la femme mariée est *générale.* Ce caractère lui vient de la nature même de la créance dont elle est l'accessoire. La créance résultant, en effet, d'une série d'actes d'administration, de gestion ou d'aliénation, il n'est pas possible, jusqu'au jour qui met un terme à la gestion, de fixer d'une manière certaine et précise la mesure dans laquelle le mari pourra être constitué débiteur.

Cette hypothèque grève tous les immeubles « appartenant actuellement au débiteur, et tous ceux qui pourront lui appartenir dans la suite. Art. 2122, C. N. » Il résulte des termes de cet article que les immeubles acquis par le débiteur, même postérieurement à la dissolution du mariage, sont le gage du créancier à mesure qu'ils sont acquis et quel que soit le titre de l'acquisition. Il est cependant trois cas qui ont présenté quelque difficulté.

1er Cas. L'hypothèque légale de la femme commune frappe-t-elle les conquêts?

Plusieurs distinctions sont ici nécessaires.

1° Les immeubles acquis pendant le mariage n'ont pas été aliénés. Dans ce cas point de difficulté. La femme répudie-t-elle la communauté, son hypothèque frappe sur tous les immeubles de la communauté; l'accepte-t-elle, son hypothèque ne frappe que sur ceux échus à son mari, car le partage est *déclaratif* et non *translatif* de propriété.

2° Les immeubles ont été aliénés par le mari pendant la communauté. — Si la femme accepte la communauté, son hypothèque ne frappe pas sur les conquêts aliénés pendant le mariage, car en acceptant elle ratifie tout ce que le mari a fait comme mandataire, et comme administrateur de la communauté.

Si elle renonce, la jurisprudence admet l'hypothèque légale. La femme renonçante est réputée n'avoir jamais été commune, et dèslors les conquêts sont réputés avoir toujours été la propriété exclusive du mari.

En doctrine l'opinion contraire a prévalu. Les conquêts, dit-on, n'ont pas été aliénés comme biens du mari mais comme biens de communauté, c'est-à-dire tant au nom de la femme qu'au nom du mari; car il n'est pas exact de dire que la femme renonçante n'a jamais été commune.

Nous ne pouvons admettre cette dernière opinion, à moins que la femme n'ait concouru à l'aliénation.

2ᵉ Cas. Si le mari échange un immeuble contre un autre immeuble, l'hypothèque demeure-t-elle attachée à l'immeuble cédé ? Nous devons admettre l'affirmative, car l'échange est l'équivalent de la vente; et si l'immeuble avait été vendu, l'hypothèque l'aurait certainement grevé entre les mains de l'acquéreur.

L'immeuble ne pourra être libéré qu'au moyen de la purge ou d'une radiation volontaire.

3ᵉ Cas. Si le mari avait, avant son mariage, aliéné un immeuble sous faculté de rachat, quel sera le droit hypothécaire de la femme par rapport à cet immeuble ? Tant que le droit de réméré n'est pas exercé, l'hypothèque n'atteint pas l'immeuble, car l'acquéreur en est devenu propriétaire du jour de la vente. Mais s'il est exercé et s'il l'est *par le vendeur lui-même*, l'hypothèque le frappe : il y a alors une acquisition nouvelle par rapport au créancier.

Nous disons que le vendeur doit *lui-même* exercer le réméré; car s'il avait cédé son droit, ce droit remontant à la vente elle-même, puisque le vendeur sous faculté de réméré a mis le cessionnaire en son lieu et place, l'immeuble ne serait pas grevé.

Si le mari est propriétaire sous condition résolutoire, l'hypothèque n'est-elle point soumise à la même condition? En général, l'hypothèque légale suit l'influence des modalités dont la propriété peut être affectée aux mains du débiteur. Par exception, l'hypothèque légale de la femme peut, dans deux cas spéciaux prévus par la loi, s'étendre à des biens qui n'appartenaient au mari que sous une condition résolutoire.

Le 1ᵉʳ cas est indiqué dans l'art. 952, C. N., d'après lequel « l'effet du droit de retour sera de résoudre toutes les aliénations des biens donnés et de faire revenir ces biens au donateur francs et quittes de toutes charges et hypothèques, *sauf néanmoins l'hypothèque de la dot et des conventions matrimoniales*, si les autres biens de l'époux ne suffisent pas, et dans le cas seulement où la donation lui aura été faite par le même contrat de mariage duquel résultent ces droits et hypothèques. » Dans ce cas, l'hypothèque est subsidiaire puisqu'elle est subordonnée à l'insuffisance des autres biens du mari : la femme ne pourra donc suivre l'immeuble qu'à la condition de discuter les autres biens du mari et d'en prouver l'insuffisance. Elle est en outre dérogatoire au droit commun sur les effets de la condition résolutoire, aussi la disposition de la loi devra-t-elle être maintenue dans ses termes. Nous n'accorderons par suite cette hypothèque à la femme qu'à raison de *la dot et des conventions matrimoniales* et dans le cas seulement où la donation aura été faite dans le contrat de mariage lui-même.

Le 2e cas est prévu par l'art. 1054, C. N., qui permet aux femmes des grevés de substitution d'exercer un recours subsidiaire sur les biens à rendre, si les biens libres sont insuffisants, mais seulement pour le *capital des biens dotaux*, et dans le cas seulement où le testateur l'aurait expressément ordonné.

L'hypothèque accordée à la femme par cet article ne grève l'immeuble que lorsque le testateur a formellement exprimé sa volonté, et ne peut jamais garantir que le capital des deniers dotaux, lors même que le testateur aurait expressément déclaré qu'elle s'étendrait à toutes les autres créances que la femme peut avoir à répéter contre son mari, telles que les intérêts de la dot, les conventions matrimoniales. Enfin, dans ce cas comme dans le précédent, la femme ne peut exercer son droit qu'après avoir discuté les biens du mari et en avoir prouvé l'insuffisance.

Le principe de la généralité de l'hypothèque légale souffre exception lorsque le mari tombe en faillite. Nous voyons, en effet, dans l'art. 563, C. Co., que lorsque le mari était commerçant au moment de la célébration du mariage, ou que lorsque n'ayant pas alors d'autre profession déterminée, il est devenu commerçant dans l'année ; les *immeubles qui lui appartenaient à l'époque de la célébration du mariage, ou qui lui sont advenus depuis, soit par succession, soit par donation entre vifs ou testamentaire, sont seuls soumis à l'hypothèque légale.*

Cet article ne doit recevoir son application qu'au cas de faillite.

Ce principe souffre encore exception, lorsque la valeur des immeubles du mari excède notoirement la fortune actuelle et future de la femme. La loi doit protéger la femme sans ruiner le crédit du mari. Aussi, dans ce cas, elle permet aux parties de stipuler, soit au moment où l'hypothèque va naître, soit postérieurement à sa naissance, que l'hypothèque sera restreinte à certains immeubles.

L'hypothèque est-elle restreinte par le contrat de mariage, la loi n'exige qu'une seule condition : la majorité des époux. Art. 2140 C. N. L'hypothèque ne frappe alors que les immeubles désignés. Mais il n'est point permis de stipuler que la femme n'aura pas d'hypothèque : la loi autorise la *restriction* mais prohibe la *renonciation* à l'hypothèque.

Cette restriction peut être faite de deux manières : par voie de *spécialisation*, lorsque l'on détermine nommément les immeubles grevés au profit de la femme ; et par voie de *dégrèvement*, lorsque l'on désigne les immeubles sur lesquels il ne sera pas pris hypothèque.

L'hypothèque restreinte par voie de spécialisation ne frappe pas sur les immeubles ultérieurement advenus au mari : celle restreinte par voie de dégrèvement atteint tous les immeubles présents ou à venir qui n'ont pas été expressément affranchis.

Plusieurs conditions sont exigées pour que l'hypothèque puisse être restreinte pendant le mariage. Il faut :

1° Qu'elle n'ait pas déjà été restreinte dans le contrat de mariage.

2° Que la femme soit majeure.

3° Qu'elle consente à la restriction.

4° Que la valeur des immeubles du mari excède notoirement la fortune actuelle et future de la femme.

5° Que les quatre plus proches parents de la femme aient été consultés. Leur opinion ne lie pas le juge.

6° Que la demande soit formée non pas contre la femme , mais contre le procureur impérial.

Ces conditions ne sont exigées qu'au cas où la restriction est demandée par le mari contre sa femme ; car si celle-ci traite directement avec un tiers , elle peut , avec la seule autorisation de son mari , renoncer à son hypothèque.

§ *IV. De la subrogation à l'hypothèque légale.*

La femme peut transmettre à des tiers les sûretés hypothécaires que la loi lui accorde. Cette cession est connue sous le nom de *subrogation.*

Ce n'est pas le législateur qui a conçu cette idée de subrogation à l'hypothèque légale. Cette convention a été imaginée par les praticiens, comme un moyen propre à protéger les créanciers et les tiers-acquéreurs contre les effets si menaçants de l'hypothèque occulte dont sont grevés les biens du vendeur ou du débiteur marié, et l'art. 9 de la loi du 23 mars 1855 sur la transcription l'a ainsi sanctionnée : « Dans les cas où les femmes *peuvent céder* leur hypothèque légale ou y *renoncer* , cette cession ou cette renonciation *doit être faite par acte authentique* , et les cessionnaires n'en sont saisis, à l'égard des tiers, que par l'inscription de cette hypothèque prise à leur profit ou par la mention de la subrogation en marge de l'inscription préexistante. — Les dates des inscriptions ou mentions déterminent l'ordre dans lequel ceux qui ont obtenu des cessions ou renonciations exercent les droits hypothécaires de la femme »

D'après les termes de cet article, il est des circonstances dans lesquelles la femme ne peut pas transmettre son droit hypothécaire. C'est là une question de capacité que la loi n'a pas pas résolue. Il faudra donc se rattacher aux principes généraux. Nous déciderons dès lors que la femme mariée sous le régime dotal ne peut pas céder l'hypothèque qui garantit ses reprises *même purement mobilières* ou y renoncer. Cependant, si ces reprises ne sont pas comprises dans la stipulation dotale portée au contrat de mariage, la femme peut céder son hypothèque.

La convention par laquelle la femme cède son hypothèque ou y renonce doit être faite par acte authentique. Cette cession peut avoir pour objet :

1° Soit la créance elle-même : l'hypothèque, simple accessoire, se trouve alors comprise dans la cession et reste attachée à la créance.

2° Soit le droit d'antériorité, ce qui constitue une simple interversion de rang entre la femme qui cède le sien et le créancier dont elle prend la place. Ce dernier doit donc être lui-même créancier hypothécaire.

3° Soit seulement l'hypothèque détachée de la créance. L'hypothèque de la femme devient dans ce cas chirographaire d'hypothécaire qu'elle était, et celle du cessionnaire cesse d'être chirographaire pour devenir hypothécaire.

Il n'existe aucune différence entre le cas où la femme *cède* son hypothèque et celui où elle y *renonce*. En effet, lorsque la femme déclare *renoncer* à son hypothèque dans l'intérêt d'un créancier de son mari, elle n'entend pas seulement renoncer au droit de s'en prévaloir contre lui ; mais l'en investir tant contre elle-même qu'au regard des autres créanciers.

Cette cession ou renonciation peut être soit *expresse*, soit *tacite*. Elle est tacite lorsque la femme intervient à l'acte d'obligation et s'y oblige solidairement avec son mari *qui confère une hypothèque sur ses biens*. On ne doit pas prêter à la femme la pensée qu'elle renonce à son hypothèque légale, lorsque aucune hypothèque n'est donnée au créancier. Elle peut être déterminée par le désir seul de consolider le crédit de son mari, en y ajoutant son propre crédit.

Cette renonciation est encore tacite lorsque la femme intervient à un contrat de vente passé par le mari. Cependant, si la présence de la femme au contrat s'explique par un intérêt personnel, son concours n'implique pas renonciation au droit d'hypothèque.

Il faut, dans tous les cas, que l'acte soit authentique, loi du 23 mars 1855 sur la transcription. Art. 9.

§ **V.** *De l'inscription de l'hypothèque légale de la femme mariée.*

Quoique l'efficacité des hypothèques des femmes mariées ne soit pas, pendant le mariage, soumise à la formalité de l'inscription, la loi, dans l'intérêt des tiers, a imposé au mari et au procureur impérial l'*obligation* , et a accordé aux parents du mari, aux parents de la femme et à la femme elle-même la *faculté* d'en requérir l'inscription.

Si le mari, ayant négligé d'accomplir cette formalité, consent ou laisse prendre des priviléges ou des hypothèques sur ses immeubles, sans déclarer expressément qu'ils sont affectés à l'hypothèque légale de sa femme, il sera réputé stellionataire et comme tel contraignable par corps.

La loi, au contraire, n'engage pas la responsabilité du procureur impérial, dans le cas où il omettrait de faire remplir cette formalité : c'est une obligation sans sanction civile.

L'inscription de ces hypothèques est faite sur la présentation de deux bordereaux contenant seulement :

1° Les noms, prénoms, profession et domicile réel du créancier, et le domicile qui sera par lui ou pour lui élu dans l'arrondissement.

2° Les noms, prénoms, profession, domicile ou désignation précise du débiteur.

3° La nature des droits à conserver et le montant de leur valeur, quant aux objets déterminés, sans être tenu de le fixer quant à ceux qui sont conditionnels, éventuels ou indéterminés. Art. 2158, C. N.

Cette inscription diffère de l'inscription des créances ordinaires, en ce qu'il n'est pas ici nécessaire : 1° de représenter le titre; 2° d'évaluer les droits conditionnels, éventuels ou indéterminés; 3° de déterminer l'époque de l'exigibilité; 4° d'indiquer les immeubles sur lesquels elle est prise.

§ **VI.** *De la purge de l'hypothèque légale de la femme mariée.*

Les règles sur la purge des hypothèques légales de la femme mariée varient selon qu'il existe ou qu'il n'existe pas d'inscription.

Ont-elles été inscrites, l'acquéreur doit :

I. Faire transcrire son titre d'acquisition.

II. Notifier à la femme un extrait de son titre, contenant :

1° La date et la qualité de l'acte, le nom et la désignation précise du vendeur ou du donateur, la nature et la situation de la chose vendue ou donnée.

2° Un extrait de la transcription;

3° Un tableau sur trois colonnes, dont la première contiendra la date des hypothèques et celle des inscriptions; la seconde le nom des créanciers, et la troisième le montant des créances.

Le détenteur doit en outre déclarer, par le même acte, qu'il est prêt à acquitter *sur le champ* les dettes et charges hypothécaires, jusqu'à concurrence seulement du prix, sans distinction des dettes exigibles ou non exigibles.

Lorsque l'inscription n'a pas été prise, le détenteur doit :

1° Déposer au greffe du tribunal civil de la situation des biens, une copie collationnée de son titre d'acquisition;

2° Notifier ce dépôt à la femme et au procureur impérial;

3° Faire afficher, pendant deux mois, dans l'auditoire du tribunal, un extrait de l'acte translatif de propriété, contenant : la date de l'acte; les noms, prénoms, profession et domicile des contractants; la désignation de la nature et de la situation des biens; le prix et les autres charges de la vente.

Si la femme ou ses représentants ne sont pas connus, le détenteur doit, d'après un avis du conseil d'État, approuvé le 1er juin 1807, déclarer, dans la signification à faire au procureur impérial, qu'il fera publier la signification dans les formes prescrites par l'article 683, P. C., et s'il n'y a pas de journal dans le département, se faire délivrer par le procureur impérial un certificat portant qu'il n'en existe pas.

Cette publication met en demeure la femme ou ses représentants de prendre une inscription : un délai de deux mois leur est accordé à cet effet. Ce délai court du jour de la notification; ou, si la femme est inconnue, du jour de l'insertion dans les journaux, ou du jour de la délivrance du certificat du procureur impérial, portant qu'il n'existe pas de journal dans le département.

Si dans le cours de ces deux mois aucune inscription n'est prise du chef de la femme, l'immeuble est affranchi des hypothèques occultes dont il était grevé.

Si une inscription a été prise, cette inscription produit le même effet que si elle avait été prise le jour du *contrat de mariage*. Il faut entendre par ces mots, que l'inscription prise dans les deux mois assure à la femme le rang qui lui est assigné par l'art. 2135, C. N.

QUESTIONS.

La femme mariée en pays étranger a-t-elle droit à l'hypothèque légale sur les biens de son mari situés en France?

L'hypothèque légale accordée à la femme date-t-elle du jour du contrat ou du jour du mariage?

La femme mariée sous le régime dotal est-elle obligée de prendre inscription sur les biens de son mari, pour la garantie de ses paraphernaux?

La femme peut-elle subroger à son hypothèque légale?

Procédure civile.

DU SERMENT. — DE LA COMPARUTION DES PARTIES.
(ART. 119, 120, 121.)

§ 1ᵉʳ. *De la comparution personnelle des parties.*

Le premier devoir du juge appelé à statuer sur une affaire est de chercher à reconnaître la vérité des faits allégués par chacune des parties. Parmi les divers moyens qu'il peut employer pour atteindre ce résultat, l'un des plus puissants est la comparution personnelle des parties; aussi le législateur a-t-il autorisé les tribunaux à employer cette voie dont autrefois il ne pouvait faire usage. Les tribunaux ne pouvaient recourir qu'à l'interrogatoire sur faits et articles, mode qui est loin de présenter les mêmes avantages que la comparution personnelle, quoique tendant au même but. Dans la comparution personnelle, les parties sont en présence du tribunal, en présence du public, en présence l'une de l'autre. Dans l'interrogatoire sur faits et articles, au contraire, une seule partie est appelée en présence d'un seul juge. D'un autre côté, dans la comparution les parties ignorent les questions qui leur seront adressées et ne peuvent pas , comme dans l'interrogatoire sur faits et articles, combiner des réponses mensongères. Dans ce dernier cas, en effet, on doit, au moins vingt-quatre heures à l'avance, notifier à la partie qui doit être interrogée les questions que le juge lui posera, sauf cependantà ce dernier la faculté d'en ajouter de nouvelles. Enfin dans la comparution, la vérité peut jaillir du choc des réponses des parties, cequi ne peut résulter de l'interrogatoire.

Les juges peuvent, soit d'office, soit sur la demande des parties, ordonner en toute matière la comparution personnelle des parties. L'art. 110, P. C. ne fait aucune restriction : « Si le jugement, y est-il dit, ordonne la comparution des parties, il doit indiquer le jour de la comparution. »

Les juges ont à cet égard un pouvoir discrétionnaire. La comparution en général, est ordonnée à l'égard de toutes les parties; ils peuvent n'appeler que l'une d'elles. Les parties sont ordinairement interrogées en présence l'une de l'autre : ils peuvent s'ils le jugent convenable, procéder séparément à l'interrogatoire de chacune d'elles.

Le jugement qui ordonne cette comparution est un jugement *préparatoire*, parce qu'il ne préjuge rien. Il doit être notifié non à l'avoué, mais à la partie elle-même qui peut seule l'exécuter.

Si l'une des parties refuse de comparaître, le tribunal peut en induire un aveu tacite des faits allégués par l'autre partie.

§ II. *Du serment.*

Dans la comparution personnelle, le tribunal appelle les parties, pour être, en quelque sorte, témoins de leur propre cause : au contraire, dans l'hypothèse de l'art. 120, la partie comparaît devant le tribunal, non pour être témoin, mais pour être, si je puis le dire, juge dans sa propre cause; c'est-à-dire pour y prêter un serment dont la prestation assurera pour elle le gain du procès dans le cours duquel il a été déféré. (Boitard).

On distingue en droit deux espèces de serment : le serment *décisoire* et le serment *supplétoire*.

Le premier est celui qu'une partie défère à l'autre, pour en faire dépendre la décision d'un procès. Le second est celui que le juge défère à l'une des parties, pour suppléer à l'insuffisance des preuves.

. Tout jugement qui ordonne un serment doit énoncer les faits sur lesquels il sera reçu. Art. 120, P. C.

L'omission de ces faits entraînerait la nullité du jugement. « Cette omission, dit M. Chauveau, nous semble vicier le jugement dans sa substance, puisqu'elle aurait pour effet d'empêcher que le magistrat ou la partie obtînt du serment les résultats que le législateur a attendus de la précaution qu'il a commandé de prendre. »

Ce jugement contenant les faits sur lesquels le serment sera prêté, sera notifié à la partie, parce qu'il est nécessaire qu'elle réfléchisse sur ces faits avant de contracter un engagement aussi sacré que celui qui résulte du serment. Il doit aussi être signifié à l'avoué comme tous les actes d'instruction.

L'article 120 s'applique au serment décisoire comme au serment supplétoire. Quelques auteurs ont cependant soutenu qu'il fallait le restreindre au serment supplétoire; car, disent-ils, la délation du serment décisoire et l'obligation de le référer ou de le prêter résidant essentiellement dans la volonté des plaideurs, l'obligation de le prêter découle non pas d'une sentence, mais de la délation faite par l'adversaire.

Sans doute, il n'y aura pas lieu à jugement si la partie à laquelle le serment est déféré consent à le prêter; mais si elle refuse, se fondant sur ce que la matière ne peut être terminée par une transaction, ou sur tout autre motif, il faudra que le tribunal décide la question, et s'il reconnaît qu'il y avait lieu de déférer le serment, il ordonnera, à la partie à laquelle il a été déféré, de prêter ce serment, et énoncera les faits sur lesquels il sera reçu.

Dans l'ancienne jurisprudence on permettait de prêter serment par procureur. Évidemment jurer par procureur, ce n'est pas jurer; la nature du serment indique assez que c'est un acte personnel à celui qui le prête. Aussi l'article 121, P. C., dispose-t-il : « Le serment sera fait en personne et à l'audience. Dans le cas d'un empêchement légitime et dûment constaté, le serment pourra être prêté devant le juge que le tribunal aura commis et qui se transportera chez la partie, assisté du greffier. — Si la partie à laquelle le serment est déféré est trop éloignée, le tribunal pourra ordonner qu'elle prêtera le serment devant le tribunal du lieu de sa résidence. — Dans tous les cas le serment sera fait en présence de l'autre partie, ou elle dûment appelée par acte d'avoué à avoué, et s'il n'y a pas d'avoué constitué, par exploit contenant l'indication du jour de la prestation du serment. »

Si la partie à laquelle le serment est déféré ne peut se transporter à l'audience, elle doit présenter une requête, dans laquelle elle expose les causes de l'empêchement, et y joindre les pièces justificatives.

Si elle appartient à l'une de ces sectes religieuses qui considèrent tout serment comme un sacrilège, on devra se contenter de son affirmation, et si en pareil cas elle trompe la justice, on devra la poursuivre comme parjure.

QUESTIONS.

Les juges sont-ils tenus d'ordonner la comparution de toutes les parties ?

A qui le jugement qui ordonne la comparution personnelle doit-il être signifié ?

L'art. 120 s'applique-t-il au serment décisoire ou au serment supplétoire ?

Quelle est la nature du serment qui ordonne la comparution ?

Droit Criminel.

Des attributions des juges d'instruction comme officiers de police judiciaire; comme magistrats instructeurs; comme juges rendant des ordonnances.

La police judiciaire, en ce qui concerne les crimes et les délits, est confiée à deux pouvoirs distincts, car il ne faut pas confondre les actes de poursuite, avec les actes d'instruction [proprement dite. Les premiers sont confiés au procureur impérial, art. 22 Ins. C. , les seconds au juge d'instruction, art. 55, Ins. C.

§ 1. *Des attributions du juge d'instruction comme officier de police judiciaire.*

Le juge d'instruction a la plénitude des pouvoirs de police judiciaire. C'est à lui qu'on transmet tous les actes qui concernent cette police; et il a le droit de refaire ceux de ces actes qui ne lui paraissent pas complets ou réguliers. Il ne peut pas cependant se saisir directement d'une affaire; il ne peut faire aucun acte d'instruction que sur la réquisition du procureur impérial.

Ce principe que le **juge d'instruction** ne peut commencer aucune instruction criminelle s'il n'en est requis par le ministère public, souffre exception dans le cas de flagrant délit. Le juge d'instruction peut alors procéder seul, d'office, sans avertir même le procureur impérial, à tous les actes d'instruction que l'urgence lui paraît commander. L'utilité de recueillir immédiatement les preuves d'un crime qui vient de se commettre et que le moindre retard peut laisser échapper, motive assez cette exception à la division des pouvoirs.

Le juge d'instruction est, quant aux fonctions de police judiciaire, sous la surveillance du procureur général. Mais, quand il ne remplit que les fonctions ordinaires de sa charge, il n'est pas tenu d'exécuter les ordres de ce dernier. Il conserve toute l'indépendance du juge. Il en est autrement quand il fait les actes attribués au procureur impérial, comme dans le cas de flagrant délit; car il se place alors sous les ordres du procureur général.

§ *II. Des attributions du juge d'instruction comme magistrat instructeur.*

Le juge d'instruction ne peut, dans les cas ordinaires, commencer aucune instruction s'il n'en est requis par le procureur impérial ou par une partie plaignante. La loi, en effet, en disposant que la plainte doit être formée devant le juge d'instruction, tandisque les dénonciations doivent être adressées au procureur impérial, indique clairement qu'une plainte suffit pour saisir le juge d'instruction. Elle ne suffit pas cependant pour que le juge puisse exercer immédiatement des poursuites. L'art. 61, Ins. C. dispose, en effet, d'une manière générale que « hors le cas de flagrant délit, le juge d'instruction ne fera aucun acte d'instruction et de poursuite, qu'il n'ait donné communication de la procédure au procureur impérial », et l'art. 70, Ins. C. statuant sur ce cas particulier, porte que « le juge d'instruction compétent pour connaître de la plainte, en ordonnera la communication au procureur du roi, pour être par lui requis ce qu'il appartiendra. »

Si le juge d'instruction, hors le cas de flagrant délit, ne peut faire aucun acte de poursuite que sur la réquisition du procureur impérial, une fois saisi par ce dernier , il a une pleine liberté d'action : ainsi il n'est pas tenu d'interrompre la procédure commencée, par cela seul que le procureur impérial le demanderait. Il· n'est tenu d'optempérer à la réquisition de celui-ci qu'autant qu'une loi lui en fait un devoir.

Les mesures à prendre et les actes à faire par le juge d'instruction, sont l'audition des témoins, la recherche des pièces de conviction, les mandats à décerner contre les prévenus.

Audition des témoins. — Le juge d'instruction doit faire citer non-seulement la personne indiquée par la dénonciation, par la plainte, par le procureur impérial; mais encore celles indiquées par le prévenu. C'est ce qui résulte de ces mots *ou autrement* employés par l'art. 71. Ins. C. Mais il n'est pas tenu de faire citer tous ceux indiqués par ce dernier.

Si le témoin assigné ne comparaît pas, le juge d'instruction peut, sur les conclusions du ministère public, décerner contre lui un mandat d'amener.

De la recherche des pièces de conviction. — Le juge d'instruction doit rechercher avec soin toutes les preuves matérielles du crime. L'art. 87, Ins. C. dispose en conséquence : le juge d'instruction se transportera s'il en est requis, et pourra même se transporter d'office dans le domicile du prévenu, pour y faire la perquisition des papiers, effets, et généralement de tous les objets qui seront jugés utiles à la manifestation de la vérité. Il peut même pénétrer dans le domicile d'un tiers.

Le juge d'instruction doit lui·même procéder à ces perquisitions : il ne peut le faire par l'intermédiaire d'un tiers. Cependant si les papiers et effets dont il y aura lieu de faire la perquisition sont hors de l'arrondissement du juge d'instruction, il requerra le juge d'instruction du lieu où l'on peut les trouver de procéder à leur recherche. Art. 90, Ins. C. Ces perquisitions devront être faites devant le prévenu, ou son fondé de pouvoir, s'il est absent.

Le juge d'instruction ne doit pas seulement rechercher les pièces de conviction, il doit aussi prendre les mesures nécessaires pour empêcher la disparition des inculpés. C'est là l'objet des mandats que la loi autorise à décerner.

Le mandat est un ordre ayant pour objet de faire comparaître l'accusé devant le juge qui doit l'interroger.

On distingue les mandats de comparution, d'amener, de dépôt, d'arrêt.

Les deux premiers ont pour but de faire paraître le prévenu devant le juge; les deux derniers ont pour but de le placer sous la garde de la justice.

Le juge d'instruction peut d'office décerner les mandats de comparution, d'amener, de dépôt; mais il ne peut décerner le mandat d'arrêt qu'après « avoir entendu les prévenus et le procureur du roi ouï, lorsque le fait emportera peine afflictive ou infamante, ou emprisonnement correctionnel..... Art. 94, Ins. C. »

La loi du 17 juillet 1856 a investi le juge d'instruction de nouveaux pouvoirs. Il peut, sur la demande du prévenu ou sur les conclusions du ministère public, ordonner que le prévenu sera mis provisoirement en liberté, moyennant **caution** solvable de se présenter à tous les actes de la procédure et pour l'exécution du jugement aussitôt qu'il en sera requis. Il a à cet égard un pouvoir discrétionnnaire. C'est ce qui résulte du mot *pourra* employé par la loi.

Enfin, d'après la loi du 17 juillet 1856, le juge d'instruction doit, lorsque la procédure est complète, statuer devant qu'elle juridiction sera renvoyé le prévenu.

S'il est d'avis que le fait imputé au prévenu ne présente ni crime, ni délit, ni contravention, il déclarera par une ordonnance qu'il n'y a pas lieu de poursuivre; si le fait n'est qu'une simple contravention, il renverra l'inculpé devant le tribunal de simple police; si c'est un délit, devant le tribunal correctionnel. Mais s'il estime que le fait est de nature à être puni de peines afflictives ou infamantes, et que la prévention contre l'inculpé est suffisamment établie, il ordonnera que les pièces d'instruction, le procès-verbal constatant le corps du délit et un état de pièces servant à conviction, soient transmis sans délai par le procureur impérial au procureur général, et l'affaire recevra alors une nouvelle instruction qui sera faite par la chambre des mises en accusation. La loi a pensé que la gravité de l'affaire nécessitait un second examen.

QUESTIONS.

La plainte suffit-elle pour que le juge d'instruction puisse faire des actes de poursuite?

Le juge d'instruction est-il tenu d'interrompre la procédure commencée, si le procureur impérial le demande?

En cas de flagrant délit, le juge d'instruction doit-il, avant de commencer les poursuites, attendre les conclusions du procureur impérial?

Cette Thèse sera soutenue, en séance publique, dans une des salles de la Faculté, le 3 août 1858.

Vu par le Président de la Thèse,

DUFOUR.

Albi, imprimerie de S. Rodière.

9 7 8 2 0 1 3 4 4 8 5 4 3